Kurt Schubert

CHIEMGAU

Edition Förg

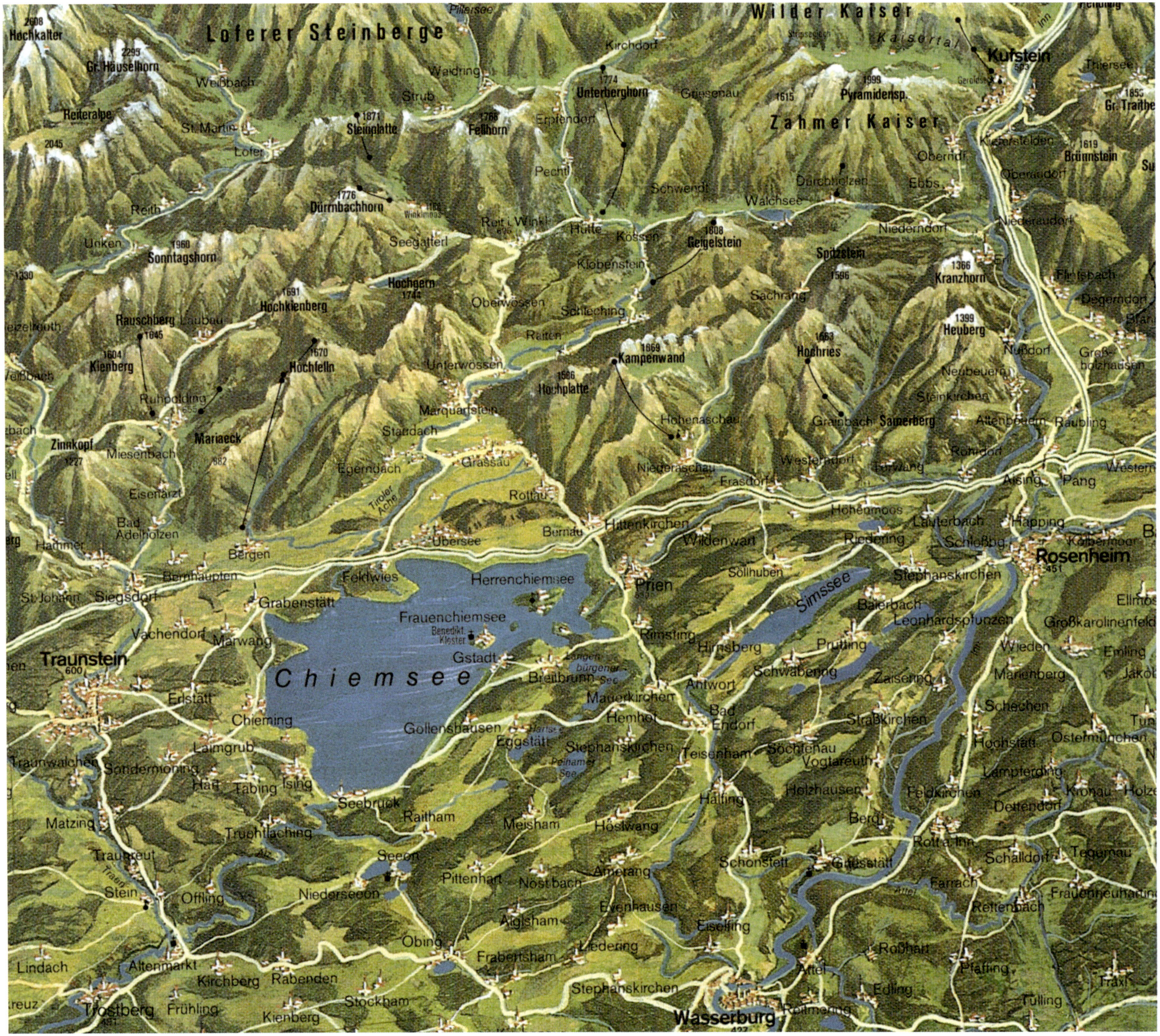

Loferer Steinberge
Wilder Kaiser
Zahmer Kaiser
Kaisertal
Hochkalter
Gr. Häuselhorn
Reiteralpe
Weißbach
St. Martin
Lofer
Waidring
Strub
Steinplatte
Fellhorn
Kirchdorf
Unterberghorn
Griesenau
Erpfendorf
Pyramidensp.
Kufstein
Thiersee
Gr. Traithen
Brünnstein
Kiefersfelden
Oberaudorf
Niederaudorf
Oberndorf
Ebbs
Durchholzen
Walchsee
Schwendt
Pechtl
Reit i. Winkl
Hütte
Kössen
Geigelstein
Niederndorf
Dürrnbachhorn
Reith
Unken
Sonntagshorn
Seegatterl
Klobenstein
Spitzstein
Kranzhorn
Flintsbach
Degerndorf
Hochgern
Oberwössen
Schleching
Sachrang
Heuberg
Hochkienberg
Rauschberg
Kienberg
Hochfelln
Unterwössen
Raiten
Kampenwand
Hochplatte
Hochries
Nußdorf
Neubeuern
Steinkirchen
Ruhpolding
Zinnkopf
Mariaeck
Miesenbach
Marquartstein
Staudach
Grassau
Hohenaschau
Grainbach
Samerberg
Altenbeuern
Raubling
Egerndach
Tiroler Ache
Niederaschau
Westerndorf
Törwang
Rohrdorf
Eisenärzt
Bad Adelholzen
Rottau
Erasdorf
Aising
Pang
Hammer
Bergen
Übersee
Bernau
Hittenkirchen
Hohenmoos
Lauterbach
Happing
Wildenwart
Riedering
Schloßberg
Kolbermoor
Rosenheim
Bernhaupten
Feldwies
Herrenchiemsee
Söllhuben
Stephanskirchen
St. Johann
Siegsdorf
Prien
Simssee
Grabenstätt
Frauenchiemsee
Benedikt. Kloster
Baierbach
Leonhardspfunzen
Großkarolinenfeld
Vachendorf
Marwang
Rimsting
Hirnsberg
Prutting
Wieden
Traunstein
Chiemsee
Gstadt
Breitbrunn
Schwabering
Zaisering
Marienberg
Erlstätt
Mauerkirchen
Antwort
Bad Endorf
Hemhof
Straßkirchen
Schechen
Chieming
Gollenshausen
Eggstätt
Stephanskirchen
Teisenham
Söchtenau
Vogtareuth
Hochstätt
Ostermünchen
Laimgrub
Traunwalchen
Sondermoning
Lampferding
Hart
Tabing
Ising
Holzhausen
Feldkirchen
Halfing
Seebruck
Raitham
Seeon
Meisham
Höslwang
Berg
Dettendorf
Matzing
Truchtlaching
Rott a. Inn
Traunreut
Schonstett
Gaßstätt
Schalldorf
Tegernau
Stein
Offling
Pittenhart
Nostbach
Amerang
Farrach
Niederseeon
Evenhausen
Rettenbach
Frauenneuharting
Eiselfing
Albertaich
Obing
Roßhart
Lindach
Altenmarkt
Frabertsham
Edling
Kirchberg
Rabenden
Stephanskirchen
Pfaffing
Attel
Trostberg
Frühling
Stockham
Kienberg
Wasserburg
Rotmering
Tulling
Jakob

Land der Seen, Land der Klöster

Der Chiemgau

Der Chiemsee! Wenn ich die Augen schließe und, sei es, wo immer, Wasser an Schiffsplanken plätschern höre, erwacht in mir die Erinnerung an die Jugendzeit, an Stunden, die ich im Kahn verträumte, den See rundum und den Himmel über mir. Ich sehe die stille Insel, von der die feierlichen Glockenklänge herüberklingen, ich höre den Kahn auf feinem Kies knirschen, springe heraus und stehe wieder unter den alten Linden, von wo aus der Blick über die blaue Flut hinüber nach den Chiemgauer und Salzburger Bergen schweift. Ich gehe an der Klostermauer entlang und sitze am Ufer, wo Frieden und Feierabend sich tiefer ins Herz senken als irgendwo in der Welt.

So still, wie es der bayrische Schriftsteller Ludwig Thoma hier beschreibt, ist es heute auf der Fraueninsel nur noch selten. Und doch wird sich nach wie vor kaum jemand dem Zauber entziehen können, der von diesem wunderbaren Fleckerl Erde ausgeht. Dabei ist die Insel mit ihrem Kloster nur einer von tausend Lieblingsplätzen, die man im Chiemgau so ganz ohne langes Suchen entdecken kann: ob auf einer blumenübersäten Bergwiese irgendwo unterhalb der steilen Felsen der Kampenwand, ob in einer verträumten Badebucht am Langbürgner See; oder auch in einem schattigen Wirtsgarten unter alten Bäumen, denn in Bayern weiß man, dass seelisches und leibliches Wohlbefinden eng zusammengehören. Wer sich aufs Fahrrad setzt und auf ruhigen Nebenstraßen gemütlich dahinrollt – es gibt außer dem bekannten Chiemsee-Rundweg noch genügend andere attraktive Routen! – oder wer die Gegend zwischen Rosenheim und Traunstein, zwischen Trostberg und Reit im Winkl ganz einfach zu Fuß erkundet, auf den warten genügend erfreuliche Überraschungen.

Der Chiemgau, eine Landschaft für Romantiker und Genießer? Nicht nur. Auch Aktivurlauber kommen auf ihre Kosten. In der Sommersaison zieht die Bergwelt Scharen von Mountainbikern, Gleitschirmfliegern und Kletterern an, und an Wochenenden mit entsprechender Wetterlage wird der Chiemsee durch die Massen weißer Segel auf der Wasserfläche ganz im wörtlichen Sinne zum „weiß-blauen Meer". Die Flüsse laden zum Kajak- oder Schlauchbootfahren ein. Unter den vielfältigen Wandermöglichkeiten werden selbst Einheimische immer wieder Neues entdecken. Ganz oben auf der Beliebtheitsskala stehen die Chiemgauer Aussichtsberge. Kampenwand und Hochfelln, Hochries und Rauschberg sind für den, der's bequem mag, auch per Seilbahn erreichbar, der Hochgern will dagegen zu Fuß erobert werden.
Wasserratten haben in einer Seenlandschaft die Qual der Wahl: Einige schöne Badestrände an Chiemsee und Simssee konkurrieren mit romantischen Winkeln an der Eggstätter Seenplatte. Ist das Wetter einmal nicht so strahlend schön, steht eine Reihe von beheizten Bädern zur Verfügung, allen voran das Erlebnisbad Prienavera in Prien, das Wellen-Hallenbad in Ruhpolding und das Badria in Wasserburg.

Die Kalorien, die man bei derartigen Aktivitäten verliert, hat man sich allerdings bei dem appetitanregenden kulinarischen Angebot der Region schnell wieder angegessen: Da kann man sich richtig bodenständig-bayrisch an Schweinsbraten, Weißwürsten oder Zwetschgendatschi gütlich tun oder mediterran angehauchte gehobene Küche genießen. Besonders empfehlenswert sind am Chiemsee natürlich fangfrische Fischgerichte, etwa die heimischen Renken.

Und dann gibt es im Chiemgau die Plätze, die man einfach gesehen haben muss. Dazu gehört an allererster Stelle Schloss Herrenchiemsee, das der bauverrückte Bayernkönig Ludwig II. in den Jahren 1878 bis 1886 hier errichten ließ. Eigentlich als ganz privates Refugium des Monarchen gedacht, in dem er sich selbst als politischer Enkel des von ihm verehrten Sonnenkönigs Louis' XIV. von Frankreich inszenieren konnte, wird es heute von Besuchern geradezu überschwemmt.

Genauso interessant sind die Zeugen einer viel älteren Geschichte auf den Chiemseeinseln und auch in der Gegend rund um den See. Schon den alten Römern hat es anscheinend am Wasser, mit Blick auf die nahen Berge, recht gut gefallen. In Seebruck, das damals Bedaium hieß, erinnert ein kleines Museum daran.

Nach den Römern kamen die Bajuwaren. Die sind bekanntlich frühzeitig katholisch geworden und es zu einem großen Teil bis in die Gegenwart geblieben. Daran nicht ganz unschuldig sind einige uralte Klöster im Chiemgau. Auf den Chiemseeinseln lebten wahrscheinlich im 7. Jahrhundert schon Mönche und Nonnen. Auf „nur" gute tausend Jahre Geschichte kann dagegen Seeon zurückblicken, das mit seinen beiden markanten Zwiebeltürmen – fast möchte man sagen, die Münchner Frauentürme im Kleinformat – malerisch auf einer Halbinsel im Klostersee liegt. So manches altersgraue Kirchlein mit Satteldachturm, etwa auf dem Samerberg, weist darauf hin, wie früh in dieser Gegend schon reges religiöses Leben herrschte. Das ist bis heute so geblieben – an den katholischen Hauptfesten, bei Prozessionen und Wallfahrten, bei den Georgi- und Leonhardiritten verbindet sich echte Frömmigkeit mit Traditionsbewusstsein und einer urbajuwarischen Freude am Feiern.

Klöster waren bis in die Neuzeit hinein nicht nur geistliche, sondern auch kulturelle Zentren. Von der frühen Blüte der Architektur und Kunst im Chiemgau zeugen beispielsweise die berühmte karolingische Torhalle auf Frauenchiemsee und die romanischen Fresken, die man dort in der Stiftskirche freigelegt hat, sowie die herrlichen mittelalterlichen Handschriften aus dem Kloster Seeon, die heute auf verschiedene europäische Bibliotheken verstreut sind.

Barock und Rokoko haben vielen Kirchen der Gegend ihren unverwechselbaren Stempel aufgedrückt. Auf einem hohen Niveau befand sich damals auch das Musikleben. Erfreulich, dass man an den alten Zentren dieser Kultur, wie Seeon und Baumburg, heute wieder Konzerte mit Werken der damaligen Zeit erleben kann.

Was weniger bekannt ist: Der Chiemgau war der Ort einer bemerkenswerten technischen Pionierleistung. Von Reichenhall mit seinen Salzquellen führte die älteste Pipeline der Welt, eine Soleleitung aus dem Jahr 1619, zur Saline Traunstein. Knapp zweihundert Jahre später transportierte man die Salzlösung sogar bis Rosenheim, wo 1810 eine neue Saline in Betrieb ging. Die Leitung musste – auf einer Strecke von fast 80 Kilometern – mehrere Höhenzüge überwinden. Seit 1958 ist die Salzpipeline Geschichte, an einigen Stellen sind noch Reste im Gelände erkennbar. Einschlägig Interessierte können auf dem Salinenweg entlang der alten Leitungstrasse wandern und sich im Soleleitungsmuseum Klaushäusl bei Grassau informieren.

Doch nun lassen Sie sich entführen zu einer Bilderreise durch den Chiemgau – Kurt Schubert, der als Einheimischer jeden Winkel kennt, zeigt Ihnen die schönsten Plätze im Wechsel der Jahreszeiten!

Text: Bernhard M. Edlmann

Das Kerngebiet des Chiemgaus aus der Vogelperspektive. Im Vordergrund das Naturschutzgebiet der Eggstätt-Hemhofer Seenplatte, dahinter der Chiemsee mit seinen drei Inseln und darüber der nördliche Alpenrand mit den Chiemgauer Bergen.

The heart of the Chiemgau in birds-eye view. In the foreground, the nature reserve of the Eggstätter lake plains; in the back, Lake Chiemsee with its three islands and on the top, the northern edge of the Alps with the Chiemgau mountains.

Land of Lakes, Land of Cloisters

The Chiemgau

The Chiemsee! When I close my eyes and, no matter where, hear water splashing against shipboards, memories of my youth arise, of hours dreamt away in the boat, surrounded by the lake and the sky above my head. I see the silent island, from which the solemn bells toll, I hear the boat grind onto fine gravel, jump out and stand under the old limetrees again, from where the eye scans across the blue waves over to the Chiemgau and Salzburg mountains. I walk along the convent's wall and sit at the shore, where peace and leisure sink deeper into the heart than in any other place in the world.

Very seldom is the Fraueninsel as quiet nowadays as the Bavarian writer Ludwig Thoma describes. But now as before, hardly anybody can withdraw from the magic which emanates from this piece of earth. Yet, the island with its convent is only one of a thousand favorite places to explore without searching for long: either on a flowercovered mountain-pasture somewhere under the steep rocks of the Kampenwand, in a dreamy bay of the Langbürgner Lake, or in a shady garden of an inn under old trees – in Bavaria, everybody knows, that contentment of body and soul is united. Whoever mounts a bike and comfortably cruises along on quiet by-roads – there are many more attractive routes other than the common Chiemsee-Rundweg! – or whoever simply explores the area between Rosenheim and Traunstein, between Trostberg and Reit im Winkl on foot: for him plenty of pleasant surprises lie in store.

The Chiemgau, a landscape for romantics and connoisseurs? Not only. Also activity tourists get their money's worth. In the summer season, the mountains attract swarms of mountain bikers, paragliders and climbers, and on weekends with the right weather, the Chiemsee with its masses of white sails literally turns into the „blue-white sea". The rivers invite paddling with kayaks and rubber rafts. Amongst the many possibilities for hiking, even the locals keep discovering new ones. Right on top of the popularity chart are the mountains commanding a view of the Chiemgau. For those who prefer it comfortable, Kampenwand and Hochfelln, Hochries and Rauschberg can also be reached by cable car, whereas the Hochgern wants to be taken on foot.

Water-rats have a hard time choosing from a land of lakes: several beautiful beaches at Lake Chiemsee and Lake Simssee rival with romantic nooks at the Eggstätter lakes plain. When the weather is not so glorious, a series of heated pools are available, foremost the fun-pool Prienavera in Prien, the wave-pool in Ruhpolding and the Badria in Wasserburg.

The calories lost through this kind of activity are easily regained with the appetizing culinary specialties of the region: you can gorge on real basic Bavarian roast pork, white-sausages and "Zwetschgendatschi". Especially recommendable at Lake Chiemsee, of course, are freshly caught fish, such as the local white fish.

And then there are the places in Chiemgau which simply must be seen. Amongst them in first place, Herrenchiemsee palace, which was erected in the years 1878 to 1886 by the bavarian construction maniac King Ludwig II. Actually planned as private refuge for the monarch, in which he could enact as political offspring of the French Sun King Louis' XIV he worshipped so much, it now is virtually being flooded by visitors.

Just as interesting are the witnesses of a far older history on the Lake Chiemsee islands and in the area surrounding the lake. The Romans already seemed to have liked the water with a view of the nearby mountains, very well. In Seebruck, called Bedaium then, a small museum recalls these times.

The Bavarians came after the Romans. As everybody knows, they became Catholic very early and mainly stayed it until today. Some very old cloisters are partly to blame for this. Monks and nuns probably already lived on the islands of Lake Chiemsee in the 7. century. Seeon with its dominant onion-shaped towers – the small version of the towers of the Munich Frauendom, so to speak – lying picturesquely on a peninsula in the monastery's lake, can "only" look back onto a good thousand years of history. Many a little grey old church with saddleback roof, for instance on the Samerberg, indicates how early active religious life in this area began. This has continued until today – at the main Catholic feasts, at processions and pilgrimages, at the Georgi and Leonhardi rides, true faith is combined with tradition and an elementary bavarian joy of celebrating. Until modern times, the cloisters were not only religious, but also cultural centers. The famous Carolingian gateway hall on Frauenchiemsee, the romanesque frescoes uncovered in the convent and the wonderful mediaeval scrolls from Kloster Seeon, which are strewn over various European libraries, mark the early richness of architecture and culture in the Chiemgau.

Baroque and Rococo are unmistakably imprinted on many churches in the region. Musical life had already reached a high level of development. Fortunately, concerts with works of those times can now be experienced in the old centers of this culture, like Seeon and Baumburg.

Less known is the fact that the Chiemgau was a place of remarkable technical pioneer's work. From Reichenhall with its salt sources, the oldest pipeline of the world, a brine pipeline from the year 1619 led to the saltern Traunstein. Nearly two hundred years later, the saltwater was even transported to Rosenheim, where the new saltern was installed in 1810. The line had to overcome several elevations on a stretch of nearly 80 kilometers. Since 1958, the salt pipeline is history, but some of the remainders are still visible in the ground. Those especially interested, can follow the brinetrail along the former pipeline and learn more in the museum of the brine pipeline Klaushäusl at Grassau. But now, let us lead you to a picture-tour through the Chiemgau – Kurt Schubert, a local who knows every nook, will show you the most beautiful places in the seasons's change!

English translation
by Christine Schönmetzler

Im Achental bei Schleching zieht bereits der Frühling ein, während auf dem 1808 Meter hohen Geigelstein noch der Winter herrscht. Dank einer beherzten Bürgerinitiative steht der „Blumenberg“ des Chiemgaus heute komplett unter Naturschutz.

In the Achental near Schleching spring has already arrived, when winter still reigns on the 1808 meter high Geigelstein. Thanks to citizens' action the "flowermountain" of the Chiemgau is completely under protection.

Vorfrühling im Raum Siegsdorf/Bergen. Vor dem noch schneebedeckten Rauschberg (1671 Meter hoch) thront auf den Ausläufern des Hochfelln die Wallfahrtskirche Maria Eck mit dem über 350 Jahre alten Klostergasthof.

Early spring in the area of Siegsdorf / Bergen. In front of the snow-covered Rauschberg (1671 meters high) the pilgrimage church of Maria Eck with the 350-year-old monastery inn enthrons the foothills of the Hochfelln.

Ein reizvolles Paar in der Landschaft zwischen Prien und Frasdorf bilden die spätgotische Wallfahrtskirche St. Florian mit ihrem Satteldachturm und die Brunnenkapelle mit ihrem schindelbedeckten, barocken Zwiebeldach. Nicht minder reizvoll der Blick von hier zur Kampenwand mit ihrem Zackengrat und weiter nach Osten bis ins Salzburgische. In unmittelbarer Nähe von St. Florian findet sich auch das Wittelsbacherschloss Wildenwart.

The late-gothic pilgrimage church St. Florian with its saddleback tower and the Brunnen chapel with its onion-shaped baroque roof covered with shingles, form a delightful couple in the landscape between Prien and Frasdorf. No less attractive is the view from here to the Kampenwand with its rugged ridge and further east into the Salzburg region. Close to St. Florian, the Wittelsbach castle of Wildenwart, can be found.

Spätestens an Ostern wird allerlei Brauchtum im Chiemgau lebendig. So ziehen beim Traunsteiner Georgiritt am Ostermontag rund 400 Pferde und Reiter vom Stadtzentrum zum Ettendorfer Kircherl.

By Eastertime, many old customs come alive in the Chiemgau. For instance at Traunstein's Georgi ride on Easter Sunday, 400 horses and riders parade from the center of town to the Ettendorfer Kircherl.

Natürlich hat auch religiöses Brauchtum im Chiemgau eine lange Tradition. Bei vielen Fronleichnamsprozessionen tragen die Frauen den „Priener Hut“, einen schwarzen Zylinderhut mit Goldquasten, der ursprünglich aus Tirol stammt.

Of course, religious customs have a long tradition in the Chiemgau. At many Corpus Christi processions the women carry the “Prien hat”, a black silk hat with gold tassels, originating from Tyrol.

Oberhalb Altenmarkt, auf einem Hügel über der Alz, thront weithin sichtbar die ehemalige Klosterkirche des Stifts Baumburg mit ihrem prachtvollen Innenraum. Die Geschichte des Stifts reicht bis ins 10. Jahrhundert zurück.

The former church of the Baumburg monastery, with its magnificent interior, can be seen from afar on the top of a hill overlooking the Alz above Altenmarkt. The monastery's history reaches back to the tenth century.

Unscheinbar wirkt dagegen die schlichte Dorfkirche im westlich von Altenmarkt an der Strecke nach Obing gelegenen Rabenden. Dennoch birgt sie mit dem Hochaltar des Meisters von Rabenden ein beeindruckendes Kleinod spätgotischer Kunst. Der das Kirchlein umgebende Dorffriedhof mit seinen geschmiedeten Grabkreuzen ist in anderer Hinsicht eine Rarität.

In comparison, the simple village church in Rabenden, situated west of Altenmark on the road to Obing, appears to be plain. However, it encloses an impressive jewel of late gothic art: the high altar of the master of Rabenden. The village cemetery with its forged tomb-crosses surrounding the little church is a rarity of its kind.

Blumen- und Kräuterpracht im Klostergarten der Benediktinerinnen auf der Fraueninsel. Im Hintergrund das Wahrzeichen der Insel, der ursprünglich als Wehrturm entworfene Zwiebelturm des Münsters. Die dem Inselfriedhof gegenüberliegende karolingische Torhalle (oben) gehört zu den ältesten Baudenkmälern Bayerns. König Ludwig der Deutsche, ein Enkel Karls des Großen und Vater der Äbtissin und Inselheiligen Irmengard, hat sie um das Jahr 850 erbauen lassen.

A splendour of flowers and herbs in the convent garden of the Benedictine nuns on the Fraueninsel. In the background, the landmark of the island the onion-shaped tower of the minster, which was originally planned as a defence tower. The Carolingian gateway hall (top), opposite the island cemetery, is one of the oldest bavarian monuments. King Ludwig the German, a grandson of Charles the Great and father of the beatified abbess Irmengard, had it built around the year 850.

Eine imposante Stratuswolke über dem Weitsee im Osten der Fraueninsel kündet ein Wärmegewitter an (rechte Seite). Im Sommer wird das idyllische Eiland von Touristenscharen heimgesucht, die zumeist mit den Schiffen der Chiemseeschifffahrt von Prien-Stock oder Gstadt aus herüberkommen. Auch die Segler laufen die Insel gerne an, um sich in einer der Gaststätten eine Brotzeit zu gönnen.

An imposing stratocumulus cloud hovering over the Weitsee in the east of the Fraueninsel announces a thunderstorm (right). In summer the idyllic island is overwhelmed by flocks of tourists, who cross from Prien-Stock or Gstadt by ferry. Also, the sailors like to dock at the island, to treat themselves to a lunch in one of the inns.

Eine Rennyacht der Klasse „Libera" während einer Regatta um den Deutschland-Cup auf dem Chiemsee. Die „Formel-eins-Renner" der Alpenseen haben am Chiemsee ihr deutsches Mekka gefunden. Zahlreiche andere Bootstypen sind natürlich ebenfalls am „Bayerischen Meer" beheimatet, und es gibt kaum ein Wochenende, an dem nicht einer der 18 Segelclubs am See eine Regatta veranstaltet.

A racing-yacht class "Libera" during a regatta for the German cup on Lake Chiemsee. The "formula one racers" of the alpine lakes have found their German Mecca. Numerous other boat types are at home on the "Bavarian sea" of course, and hardly a weekend goes by without one of the 18 sailing clubs arranging a regatta.

Blick vom Nordwestufer des Chiemsees bei Gollenshausen über die große Fläche des Weitsees zu den Chiemgauer Alpen. Die Flotte der Chiemsee-Yachtschule Gollenshausen, die gerade in See sticht, hat hier ein ideales Lernrevier.

View from the north-western bank of Lake Chiemsee at Gollenshausen across the large expanse of water of the Weitsee to the Chiemgau Alps. Here, the fleet of the Chiemssee Yachtschool Gollenshausen setting sail has ideas training conditions.

Morgens und abends gehört der Chiemsee den Romantikern. Eine auf der Ratzinger Höhe erlebte Morgendämmerung gehört sicherlich zu den eindrucksvollsten Erlebnissen. Aber auch ein Sonnenuntergang auf der anderen Seeseite, bei Chieming oder Feldwies, ist immer wieder etwas Besonderes.
Die Chiemseeplätte ist das Traditionsboot der Inselfischer und des ganzen Sees. Bei den Seglern erfreut sich das ebenso einfache wie schöne Holzboot mit dem Inselwappen im Segel ungebrochener Beliebtheit (rechts).

In the mornings and evenings, Lake Chiemsee belongs to the romantics. Dawn experienced on the Ratzinger heights surely belongs to the most impressing experiences. But sunset on the other side of the lake at Chieming or Feldwies is also always a very special event.
The "Chiemseeplätte" is the traditional boat of the fisherman of the island and all of Lake Chiemsee. The simple yet beautiful wooden boat, with the island's emblem on its sail, enjoys undaunted sympathy by sailors (right).

Prien, die über 800 Jahre alte Metropole am westlichen Chiemseeufer. Im Zentrum dominiert die mächtige Pfarrkirche mit angrenzender Kapelle und Gewölbeumgang. Den prächtigen Rokoko-Innenraum der Kirche Mariä Himmelfahrt, gestaltet vom berühmten Wessobrunner Johann Baptist Zimmermann, krönt das gewaltige Deckengemälde mit einer Darstellung der Schlacht von Lepanto. Nur ein paar Schritte weiter befindet sich in einem alten Bauernhaus das sehenswerte Heimatmuseum mit alten Bauernstuben, Trachten und vielem mehr. Prien-Stock, drei Kilometer vom Zentrum entfernt, ist am originellsten mit der über 100 Jahre alten Chiemseebahn zu erreichen. Hier kann man dann mit den Chiemseeschiffen zu den Inseln übersetzen, selber ein Boot mieten oder sich 100 Meter weiter im Erlebnisbad Prienavera vergnügen.

Prien, the 800-year-old metropolis on the westbank of Lake Chiemsee. The mighty parish church, with adjacent chapel and vaulted gallery, dominates the the town's center. The magnificent rococo interior, built by the famous Wessobrunn, Johann Baptist Zimmermann, is crowned by the imposing ceiling painting, depicting the battle of Lepanto. Just a few steps farther the remarkable local museum, with rural chambers, costumes and more, can be found in an old farmhouse. Prien-Stock, three kilometers from the center, can be reached in the most charming way by the 100 year old Chiemseetrain. Here you can cross over to the islands by ferry or rented boat or have fun at the adventure-pool Prienavera.

Nur mit dem Schiff, von Prien-Stock oder Gstadt aus, ist die größte Attraktion des Chiemgaus zu erreichen: Schloss Herrenchiemsee und seine Parkanlagen. König Ludwigs II. Traum, dem das französische Versailles als Vorbild diente, wurde nach des Königs mysteriösem Tod im Jahre 1886 zwar nicht mehr zu Ende gebaut, ist aber dennoch bis heute ein Magnet für Touristen aus aller Welt. Etwas Besonderes sind die sommerlichen Schlosskonzerte im fast 100 Meter langen Spiegelsaal, der an Größe sogar sein Versailler Vorbild übertrifft (linke Seite).

The greatest attraction of the Chiemgau can only be reached by ship from Prien-Stock or Gstadt: Herrenchiemsee palace and its parks. The construction of King Ludwig's II dream, modelled after the French Versailles, was not completed after his mysterious death in the year 1886, but today is still a magnet for tourists from all over the world. The summer concerts in the 100 meter long glas gallery, even exceeding the size of its model, are a special treat (left page).

Der Chiemsee im Abendlicht. Wir blicken von der Chieminger Bucht über den Weitsee nach Südwesten. Wendelstein (links) und Breitenstein (Mitte) liegen bereits jenseits des Inns, gehören also nicht mehr zu den Chiemgauer Bergen.
Nicht nur mit dem Segelboot, auch mit dem Fahrrad lässt sich der See intensiv erleben. Rund 50 Kilometer sind zu absolvieren, will man ihn auf dem Uferweg umrunden.

Lake Chiemsee in the evening light. View from the Chieming bay across the Weitsee to the South-West. Wendelstein (left) and Breitenstein (center) lie on the other side of the Inn, therefore not belonging to the Chiemgau mountains.
Not only by sailboat but also by bike, the lake can be experienced intensely – the footpath around it has a length of about 50 kilometers.

Aschau im Priental, zu Füßen der Kampenwand, besteht aus zwei Ortsteilen: Hohenaschau, auch Talstation der Kampenwandbahn, gruppiert sich um das auf einem Hügel thronende Schloss. Niederaschau wiederum wird beherrscht von der Pfarrkirche Mariä Lichtmess und ihrem barocken Zwiebelturmpaar (rechte Seite).
Direkt an der Tiroler Grenze liegt Sachrang. Bekannt geworden ist das Dorf durch die literarische und filmische Würdigung des Peter Huber, dem breiten Publikum bekannt als Müllner-Peter von Sachrang (oben).

Aschau in the Priental, at the foot of the Kampenwand, consists of two parts: Hohenaschau, also the valley station of the Kampenwand cable car, is grouped around the castle atop a hill. Niederauschau is dominated by the parish church Mariä Lichtmeß and its baroque onion-shaped twin towers (right page).
Prien-upstream, touching the Tirolian border, lies Sachrang. Attention was drawn to the village by the literary and cineastic tribute to Peter Huber, commonly known as the Müllner-Peter (top).

Landschaft um Inzell, den Wintersportlern durch sein Eisschnelllaufzentrum in ganz Deutschland bekannt. Wenige Kilometer östlich liegt über einem kleinen See der Ort Adlgaß mit der spätgotischen Kirche St. Nikolaus und dem stattlichen Einfirsthof „Zum Einsiedl".

Landscape surrounding Inzell, known throughout Germany to those interested in wintersports as center for speed-skating. A few kilometers to the East above a small lake lies the village Adlgaß with the late-gothic church St. Nikolaus and the stately, single-ridged farm "Zum Einsiedl".

Urlaub auf dem Bauernhof ist auch im Chiemgau die naturnaheste Möglichkeit, mit dem Land in Kontakt zu kommen. Und das Radl, wie hier bei einer Tour um den Waginger See, ist zweifellos die gesündeste Art, es zu erkunden.

Also in the Chiemgau, holidays on a farm are the best possibility for close contact to nature and the country. And biking, such as shown here on a tour around the Lake Waging, surely is the healthiest way to discover it.

Der Garten des Exter-Hauses nahe der Autobahnausfahrt Übersee-Feldwies. Julius Exter, seit 1903 Königlicher Professor an der Akademie der Bildenden Künste in München, betrieb hier bis zu seinem Tod im Jahre 1939 seine Malschule. Heute gehört das einstige Bauernhaus dem bayerischen Staat, der es als Museumsgalerie betreibt. Dank einer engagierten Leiterin präsentiert sich auch der Garten des Exter-Kunsthauses wie in einstiger Pracht.

In the garden of the Exter-house near the Autobahn exit of Übersee-Feldwies. Julius Exter, royal professor of the Art Academy in Munich since 1903, ran his art school here until his death in 1939. Today, the former farmhouse belongs to the Bavarian Government, which operates it as a museum-gallery. Thanks to the highly committed director, the garden of the Exter-house also appears in its old splendor.

Ein ganz besonderes architektonisches Ensemble findet sich in Stein an der Traun zwischen Traunreut und Trostberg. Der einstige Sitz des sagenumwobenen Raubritters Heinz von Stein kann gleich mit drei Schlössern aufwarten. Oben auf dem Hügel das mittelalterliche, fast nur noch als Ruine existierende Hochschloss, im Berg selbst die größte Höhlenburg Deutschlands und am Fuß des Hügels das heute als Internat betriebene „Neue Schloss“ im Stil der prunkvollen Tudor-Gotik.

A very special architectural ensemble can be found in Stein on the Traun between Traunreut and Trostberg. The former seat of the mythical robber-baron Heinz von Stein can even offer three castles: on the hilltop the mediaeval high castle, existing almost only in ruins, in the mountain itself the largest cavern-castle of Germany, and at the foot of the hill the "New Castle" in the luxurious Tudor-gothic style, run today as a boarding-school.

Der Sommer ist die Zeit der Trachtenfeste. Sehr zur Freude der meist zahlreich beteiligten Touristen. Da zeigt der manchmal eigenbrötlerische Oberbayer dann seine gesellige Seite, hier bei Szenen aus Übersee-Feldwies, Unterwössen, Grassau und Siegsdorf.

Summer is the time for the national costume festivals, highly delightful for the many tourist spectators. The sometimes cranky Upper Bavarian then shows his social side, here in scenes from Übersee-Feldwies, Unterwössen, Grassau and Siegsdorf.

Mitgliedern
Siegsdorf

gutes Spielzeug
SCHLECKER

Höllbräu

Traunstein, Kreisstadt und Einkaufsmetropole im Herzen des Chiemgaus. Nach ihr ist auch der Landkreis benannt, dem der größte Teil des Chiemgaus angehört. Mediterranes Flair atmet der weitläufige Stadtplatz zwischen der Kirche St. Oswald und dem Lindl-Brunnen im Westen und dem Jacklturm im Osten. Dazu schöne Häuserfassaden, ein stattlicher Maibaum und gemütliche Gaststätten. Hier leben sogar Himmel und Hölle in friedlicher Koexistenz.

Traunstein – district capital and shopping center in the heart of the Chiemgau. The county to which the largest part of the Chiemgau belongs is named after it. The expansive town center between the church St. Oswald and the Liendl-fountain in the West and the Jackl-tower in the East. Adding beautiful facades, a magnificent Maypole and comfortable inns.

Dem Kunstinteressierten erschließt sich im Chiemgau ein weites Feld. Sehenswert ist der Innenraum der im 12. Jahrhundert erbauten Streichenkirche über dem Achental bei Schleching. Hier und im Kirchlein von Urschalling bei Prien (Mitte oben) kann man die schönsten gotischen Fresken im ganzen Chiemgau bewundern.

For those interested in culture, the Chiemgau offers a wide spectrum. The interior of the Streichen church, built in the twentieth century, above the Achental near Schleching, is worth seeing (large picture). Here and in the little church from Urschalling near Prien (center top), the most beautiful gothic frescoes from the Chiemgau can be admired.

Ein in seiner Art höchst seltenes Fresko ist der gemalte Nothelferaltar in der Kirche St. Peter und Paul auf dem Westerbuchberg (rechts). Ein Kleinod figürlicher Kunst birgt die Pfarrkirche St. Georg in Ruhpolding mit der thronenden Madonna eines unbekannten romanischen Meisters (Mitte unten).

The painted Nothelfer altar in the church St. Peter and Paul on the Westerbuchberg is an extremely rare fresco of its kind (right). The parish church St. Georg in Ruhpolding contains a treasure of figurative art with the enthroned Madonna by an unknown Italian master (center bottom).

Luftiges Vergnügen: Im Ballon über den Chiemgau schweben, abhängig von den Launen des Windes. Mal treibt er einen zu den Bergen, mal über den See mit seinen drei Inseln. Dies ist wohl die eigenwilligste Art, die Landschaft des Chiemgaus zu erleben.

Airy delight: floating in a balloon over the Chiemgau, depending on the wind's whims. One time it drives you to the mountains, another time across the lake with its three islands. This would be the most eccentric manner to experience the Chiemgau landscape.

Im Spätsommer beginnt die klassische Zeit des Bergwanderns. Vom Rauschberggipfel, der auch mit einer Seilbahn erreicht werden kann, geht links der Blick über den im Tal glitzernden kleinen Weitsee zum Kaisergebirge in Tirol. Der Gipfel des 1744 Meter hohen Hochgern (oben) ist nur zu Fuß zu erreichen, beschert aber dafür einen der schönsten Rundblicke der Chiemgauer Alpen.

In late summer the classical time for mountain-hiking begins. From the summit of the Rauschberg, which can also be reached by cable car, the view turns left across the small Weitsee, glittering in the valley, over to the Kaisergebirge in Tirol. The summit of the 1744 meter high Hochgern (top) can only be reached on foot, but presents one of the most beautiful panoramas of the Chiemgau Alps.

Westlicher „Grenzposten" der Chiemgauer Berge ist die 1569 Meter hohe Hochries, auf die auch eine Seilbahn führt. Vom „Hausberg" der Rosenheimer genießt man einen herrlichen Rundumblick, nach Süden etwa zu den Tiroler Bergen (oben) oder vom Gipfelkreuz nach Westen zu den Bergen jenseits des Inns.

The 1569 meter high Hochries, with cable car to the top, is the western "boundary-post" of the Chiemgau mountains. From the "home mountain" of the Rosenheims you can enjoy a wonderful panorama, southwards to the Tirolian mountains (top) or from the summit's cross westwards to the mountains on the other side of the Inn.

Wie die Hochries der „Hausberg", so ist der Simssee der „Haussee" der Rosenheimer. Seine Ufer sind weitgehend unverbaut und in respektvollem Abstand blicken die drei Kirchtürme von Baierbach, Neukirchen (Bild) und Pietzenkirchen auf den beliebten Badesee herab.

Just as the Hochries is the "home mountain", so Lake Simsee is the "home lake" of the Rosenheims. Its shore is hardly obstructed, and in respectful distance, the three church towers of Baierbach, Neukirchen and Pietzenkirchen (illustration) look down upon the most popular bathing lake.

In Natzing, südlich von Eggstätt gelegen, steht einer der schönsten Bauernhöfe des Chiemgaus. Diese Art herrschaftlicher Höfe findet man nur im westlichen Chiemgau. Da sie Mitte des 19. Jahrhunderts von italienischen Wanderarbeitern errichtet wurden, gab ihnen der Volksmund die Bezeichnung „Itakerhöfe“.

In Natzing on the road to Eggstätt is one of the most beautiful farmhouses of the Chiemgau. This kind of majestic house can only be found in the western part of the Chiemgau. Because they were errected by Italian itinerant workers in the middle of the 19. century, they are called “Itakerhöfe” in vernacular.

Rosenheim und Wasserburg am Inn, die westlichen Eingangstore zum Chiemgau. Rosenheim, Metropole Südostbayerns, hat sich im Ortskern den typischen Innstadt-Charakter mit den Laubengängen bewahrt. Weit über Rosenheim hinaus bekannt und beliebt ist das jährliche Herbstfest (links).
Wasserburg, vom Inn fast ganz umschlungen, zählt zu den reizvollsten Kleinstädten Bayerns. Kaum ein Besucher, bei dem das mittelalterlich-südländische Flair dieses romantischen Städtchens keinen bleibenden Eindruck hinterlässt (rechts).

Rosenheim and Wasserburg on the Inn, the western gateways to the Chiemgau. Rosenheim, the metropolis of south-eastern Bavaria, has preserved the typical Inn-town character in its center with the arcades. The annual autumn festival is known and popular far beyond Rosenheim (left).
Wasserburg, almost completely encircled by the Inn, is one of the most charming towns of Bavaria. There is hardly a visitor, on which the mediaeval, mediteranean flair of this romantic town does not leave a permanent impression (right).

„Über einem See zu wandern, zählt zu den Seligkeiten dieser Welt", dieser Satz des bayerischen Schriftstellers Josef Hofmiller fällt einem ein, wenn man an einem schönen Herbstmorgen auf der Ratzinger Höhe steht und den erwachenden Tag über dem Chiemsee erlebt.

"Wandering across a lake, belongs to the bliss of this world." This sentence of the bavarian author Josef Hofmiller occurs to the mind, when standing on the Ratzinger height on a fine autumn morning and experiencing the day dawning over Lake Chiemsee.

Im Herbst zaubert der Föhn in klarer Luft oft herrliche Wolkenstimmungen über See und Berge. In den Morgenstunden, wenn die Chiemseefischer ihre Netze einholen, leuchtet der Himmel über Hochgern und Hochfelln dann oft in Farben, die kein Maler besser auf die Leinwand brächte.

In autumn the Föhn often conjures wonderful cloud impressions in the clear air above the lake and mountains. In the morning hours, when the fishermen of Lake Chiemsee haul in their nets, the sky often glows above the Hochgern and Hochfelln, in colors no artist could better apply to a piece of canvas.

Nur aus der Luft lässt sich das Delta der Tiroler Ache, des größten Chiemsee-Zuflusses, in seiner ganzen Ausdehnung überblicken. Für zahlreiche bedrohte Vogelarten und Pflanzen ist das Schutzgebiet ein Paradies, dessen Bedeutung weit über den Chiemgau hinausreicht (oben). Oben, auf dem Hochgern, leuchtet im Abendlicht der erste Schnee, unten der Campanile des Fraueninseler Münsters, des kulturellen Wahrzeichens des Chiemgaus (rechts).

Only from the air, the Delta of the Tirolian Ache, the greatest river flowing into Lake Chiemsee, can be seen to its full extent. For many endangered bird species and plants, this wildlife reserve is paradise, the significance of which reaches far beyond the Chiemgau (top). Up on the Hochgern, the first snow is sparkling in the evening light, on the bottom, the Campanile of the Fraueninsel's minster, the cultural landmark of the Chiemgau (right).

Das schwimmende „Wahrzeichen“ des Chiemsees ist der Raddampfer „Ludwig Fessler“, das Flaggschiff der Chiemseeflotte. Sie transportiert in der Hauptsaison täglich Tausende von Touristen vor allem auf die Inseln. Erst am Abend sind die Einheimischen auf der Fraueninsel wieder weitgehend unter sich.

The shuffle-boat "Ludwig Fessler" is the swimming token of Lake Chiemsee, the flagship of the Chiemsee fleet. It transports thousands of tourists daily, in the main season mainly onto the islands. Only in the evening, the locals living on the Fraueninsel are left to themselves.

Herbstimpressionen aus verschiedenen Bereichen des Chiemgaus: Die Kirche von Höslwang mit Kirchweihfahne (rechts), die Kirche von Truchtlaching im Alztal (oben links), Birkenwald unterhalb Höhenberg bei Aschau (rechts oben), Burg Marquartstein mit Schlosskapelle über dem Achental (links unten) und schließlich ein Schnappschuss von einem der zahlreichen Leonhardiritte.

Autumn impressions from various Chiemgau areas: the church of Höslwang with the consecration flag (right), the church of Truchtlaching in the Alztal (top left), Birkenwald underneath Höhenberg near Aschau (top right), Marquardstein castle with chapel above the Achental (left bottom), and finally, a snapshot of one of the numerous Leonhardi rides.

Herbst auf der Herreninsel. Das „Neue Schloss" Ludwigs II., Touristenmagnet Nummer eins im Chiemgau, spiegelt sich im windstillen Weiher inmitten der Allee. Das „Alte Schloss" mit der prächtigen Buche davor (oben) wird auch im Sommer von den Touristen kaum beachtet. Ab Oktober kann man auf der Insel stundenlang ungestört durch herrlichen Herbstwald wandern.

Autumn on the Herreninsel. The "new palace" of Ludwig II, tourist-magnet number one in the Chiemgau, is reflected in the calm pond in the middle of the alley. The "old castle", with the magnificent beech in front (top), is hardly noticed by the tourists even in summer. From October on, you can wander undisturbed for hours through the lovely autumn forest.

Föhntag am Seeoner See, einer der geschichtsträchtigsten Regionen des Chiemgaus. Im Jahre 994 gründeten Benediktinermönche hier ein Kloster, in dem später sogar Mozart und Haydn oft zu Gast waren. Heute gehört die stattliche Anlage auf der Halbinsel dem Bezirk Oberbayern, der hier ein Bildungszentrum betreibt.
Rechts spiegelt sich das kleine Walburgiskirchlein im Klostersee.

A Föhn day on lake Seeon, one of the Chiemgau regions richest in historical background. In the Year 994, Benedictine monchs founded a monastery here, which even Mozart and Haydn later often visited. Today, the impressive site belongs to the District Upper Bavaria, which operates an educational center here.
On the right, the little Walburgis Church reflected in the monastery lake can be seen.

Herbst auf dem Samerberg, einem Hochtal am Fuß der Hochries. Die Kirchen von Törwang (oben) und Grainbach (rechts) gehören zu den zwei größten von vier Dörfern in dieser vom Massentourismus noch weitgehend verschonten Bilderbuch-Landschaft.

Autumn on the Samerberg, a raised valley at the foot of the Hochries. The churches of Törwang (top) and Grainbach (right) belong to the two largest of four villages in this picture-book landscape, still mainly spared from mass tourism.

Reit im Winkl mit dem Kaisergebirge im Hintergrund. Das Dorado der Skifahrer und Wanderer ist nicht zuletzt durch die zur Gemeinde gehörende Winklmoosalm in ganz Deutschland bekannt geworden. Wer von hier aus über Seegatterl nach Ruhpolding fährt, durchquert eine herrliche Landschaft mit vier Seen (oben der Lödensee), die fast an kanadische Wildnis erinnert.

Reit im Winkl with the Kaisergebirge in the background. The Mecca for skiers and hikers has been made known not only by the Winklmoosalm belonging to the community. Whoever drives through Seegatterl to Ruhpolding from here, traverses a lovely landscape with four lakes (the lake Lödensee on the top), which almost reminds you of the Canadian wilderness.

Nähert man sich dem fast überall in Deutschland bekannten Ferienort Ruhpolding von Norden, scheint es, als würde der Turm der Pfarrkirche St. Georg direkt aus dem Hügel wachsen, auf dem auch der Bergfriedhof mit Kapelle das Dorf überragt. Den frisch verschneiten, rund fünf Kilometer entfernten Rauschberg rückt freilich erst das Teleobjektiv so dicht heran (rechts). Ebenfalls auf einem Hügel thront die stattliche Pfarrkirche St. Johannes in Breitbrunn (oben).

If you approach the resort Ruhpolding, popular in all of Germany, from the north, it seems as if the tower of the parish church St. Georg is growing right out of the hill, on which the mountain cemetery with its chapel also towers over the village. Of course, the Rauschberg, covered with fresh snow five kilometers away, can only be pulled so close by the telephoto lens (right). The stately parish church St. Johannes of Breitbrunn also enthrones a hill (top).

Winter am Chiemsee. Seitdem die kalte Jahreszeit auch hier stetig milder wird, friert der See nur selten großflächig zu. Den Bewohnern der Fraueninsel ist das eher recht. So ist die Überfahrt zum Festland leichter.

Winter at lake Chiemsee. Ever since the cold season is growing milder, the lake as a whole hardly freezes. The inhabitants of the Fraueninsel actually do not mind. It makes it easier to cross the lake to the mainland.

Winter im Schafwaschener Winkel. Die westlichste Bucht des Chiemsees friert meist am schnellsten zu, sehr zur Freude der Schlittschuhläufer, Eisstockschützen und Eissegler. Im Hintergrund beleuchten letzte Sonnenstrahlen die Gipfel der Loferer Steinberge (rechts), von Hochgern und Hochfelln.

Winter in the Schafwaschener Winkl. The bay farthest to the west of Lake Chiemsee usually freezes first, very much to the delight of people skating, curling and ice-sailing. In the background, the last sunrays light up the summits of the Loferer Steinberge (right), Hochgern and Hochfelln.

Blick von der Anhöhe bei Maria Eck nach Süden. Zwischen Rauschberg (links) und Dürnbachhorn leuchtet die Pyramide des Sonntagshorns hervor, mit 1961 Metern der höchste Gipfel der Chiemgauer Alpen.

View from the heights at Maria Eck towards the South. Between Rauschberg (left) and Dürnbachhorn, the pyramid of the Sonntagshorn shines forth, with its 1961 meters, the highest summit of the Chiemgau Alps.

Sonnenuntergang über dem Zackengrat der bis zu 1669 Meter hohen Kampenwand. Viele Wege führen die Besucher hier herauf, im Winter vor allem Seilbahn und Skilifte. Die kleine Bergkapelle liegt in der Nähe der Steinlingalm, einer beliebten Einkehr für Skifahrer und Wanderer.

Sundown over the ragged ridge of the 1669 meter high Kampenwand. Many paths lead the visitor up here, in winter mainly the cable car and the ski lifts. The little mountain chapel lies near the Steinlingalm, one of the most popular stops for skiers and hikers.

Zweimal Abendstimmung. Der Turm der Kirche von St. Leonhard am Wonneberg, zwischen Traunstein und Waging gelegen, dokumentiert Salzburger Präsenz, die den Rupertiwinkel bis ins 19. Jahrhundert prägte (oben). Zu den schönsten urbayerischen Motiven zählen die beiden Zwiebeltürme der Klosterkirche von Seeon (rechts).

Two evening impressions. The tower of St. Leonhard church at the Wonneberg, situated between Traunstein and Waging, documents the presence of Salzburg, which shaped the Rupertiwinkel until the nineteenth century (top). One of the most beautiful Bavarian motives are the twin onion-shaped towers of the parish church of Seeon (right).

Ausklang am Ostufer des Chiemsees bei Chieming, jenem Ort, der dank eines hier im 8. Jahrhundert lebenden Gaugrafen namens Chiemmi nicht nur dem See, sondern der ganzen Region den Namen gegeben hat.

The finale on the eastern shore of Lake Chiemsee at Chieming: the village that, thanks to a baron named Chiemmi having lived here in the eighth century, not only gave its name to the lake, but to the whole region.

Mangfalltal, Inntal, Wasserburger Land und Chiemgau: Vier bayerische Regionen gruppieren sich um die Stadt Rosenheim. Seit über 40 Jahren sind sie als Landkreis verbunden. Nun werden sie erstmals in einem Buch gemeinsam dargestellt. Klaus Jörg Schönmetzler, Kulturreferent des Landkreises Rosenheim, berichtet informativ und lebendig von berühmten und versteckten Kostbarkeiten des Rosenheimer Landes, von Bergen und Seen, Städten und Dörfern, Kirchen und Schlössern, von Wirtschaft und Geschichte, Festen, Freizeitangeboten, Brauchtum und Kultur. Zwei international renommierte Fotografen, Klaus G. Förg und Kurt Schubert, haben ihre besten Impressionen dazu beigesteuert: das Panorama einer der schönsten Urlaubslandschaften Deutschlands.

Schönmetzler, Schubert, Förg
Herrliches Rosenheimer Land
160 Seiten
ISBN 978-3-933708-32-8

Viele Jahre war Bernd Römmelt mit seiner Kamera in den Bayerischen Alpen unterwegs, um die schönste Bergregion Deutschlands im Wechsel der Jahreszeiten abzubilden. Entstanden ist dabei ein Meisterwerk fotografischer Kunst mit einzigartigen Bildern der sieben Gebirgszüge von Berchtesgaden bis Füssen, die sowohl von der oberbayerischen als auch von der österreichischen Seite auf eindrucksvolle Art und Weise gezeigt werden.
Neben herrlichen Landschaften werden auch die Einheimischen und altes Brauchtum, wie beispielsweise das Maschkeralaufen in Mittenwald oder die Buttnmanndl in Berchtesgaden, in ihrer Ursprünglichkeit festgehalten.
Eine großartige Liebeserklärung an die Bayerischen Alpen!

Bernd Römmelt
Die Bayerischen Alpen
152 Seiten
ISBN 978-3-475-53875-9

Die Schlösser des legendären bayerischen Königs Ludwig II. faszinieren durch ihre unerhörte Pracht und ihre kunsthandwerkliche Raffinesse. In dem vorliegenden Bildband können Sie die prächtigen Räumlichkeiten von Herrenchiemsee in zahlreichen großformatigen Panoramaaufnahmen genießen. Ebenso wird die Fraueninsel in einer Reihe herrlicher, stimmungsvoller Farbbilder präsentiert.

Klaus G. Förg
Schloss Herrenchiemsee und die Fraueninsel
88 Seiten
ISBN 978-3-475-53648-9

Der Chiemgau gehört zu den beliebtesten Urlaubsgebieten Deutschlands. Klaus G. Förg nähert sich den Schönheiten dieser Gegend aus der Vogelperspektive und zeigt dabei in einem eindrucksvollen Querschnitt, was diese Gegend so besonders macht: die Wasserlandschaften der Eggstätter Seenplatte, die Mündungsarme der Tiroler Achen in den Chiemsee, Bergpanoramen rund um Geigelstein, Heuberg und Kampenwand und natürlich den Chiemsee mit seinen drei berühmten Inseln. Neben den Naturschönheiten finden auch die geschichtsträchtigen Städte der Region ihren Platz. Ein faszinierender Bildband mit außergewöhnlichen Ansichten einer großartigen Landschaft.

Klaus G. Förg
Zauberhafter Chiemgau aus der Luft
96 Seiten
978-3-933708-37-3

4. Auflage

Einleitungstext: Bernhard M. Edlmann, Raubling
Übersetzung ins Englische: Christine Schönmetzler, Bad Aibling
Seitenlayout, Satz und Lithographie: Reiter Kommunikations GmbH, Berchtesgaden
Druck und Bindung: Himmer AG, Augsburg
Printed in Germany

Die Karte S. 2 ist ein Ausschnitt aus der »Panoramakarte Oberbayern – Schwaben – Allgäu«, die bei der Alpenverlag GmbH, München, erschienen ist. Der Verlag dankt für die freundliche Genehmigung zum Abdruck.

ISBN 978-3-933708-38-0